LETRAS LATINAS PUBLISHERS
2017

Urbis et Hominis

Monografía del pintor venezolano
Pedro León Castro

Angel Cristóbal Garcia

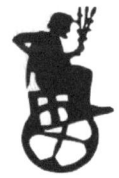

Ángel Cristóbal García

Copyright Letras Latinas Publishers, 2017

Copyright Angel Cristóbal Garcia, 2017

Hecho el depósito legal ante la ley:

ISBN-13: 978-1979262095
ISBN-10: 1979262098

Edición al cuidado de Felicia Jiménez

Diseño de portada: Autorretrato de Ángel Hurtado

Envíenos sus comentarios a:

letraslatinas@gmail.com

letraslatinaspublishers@gmail.com

Websites:

www.southpress.jimdo.com

www.amazon.com/author/angelchristopher

www.letraslatinas.blogspot.com

Impreso en los Estados Unidos de América

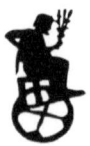

Ángel Cristóbal García

INDICE

INTRODUCCIÓN

5/La importancia de los factores sociales

I PARTE

10/El trágico y emocionante principio de toda aventura

15/Los primeros pasos en el arte

18/Pintura de albañil

II PARTE

24/El realismo social

30/Un hueso duro de roer

III PARTE

40/Urbis et Hominis

42/El autorretrato

44/El desnudo

46/EPÍLOGO

54/NOTAS

79/BIBLIOGRAFÍA

Ángel Cristóbal García

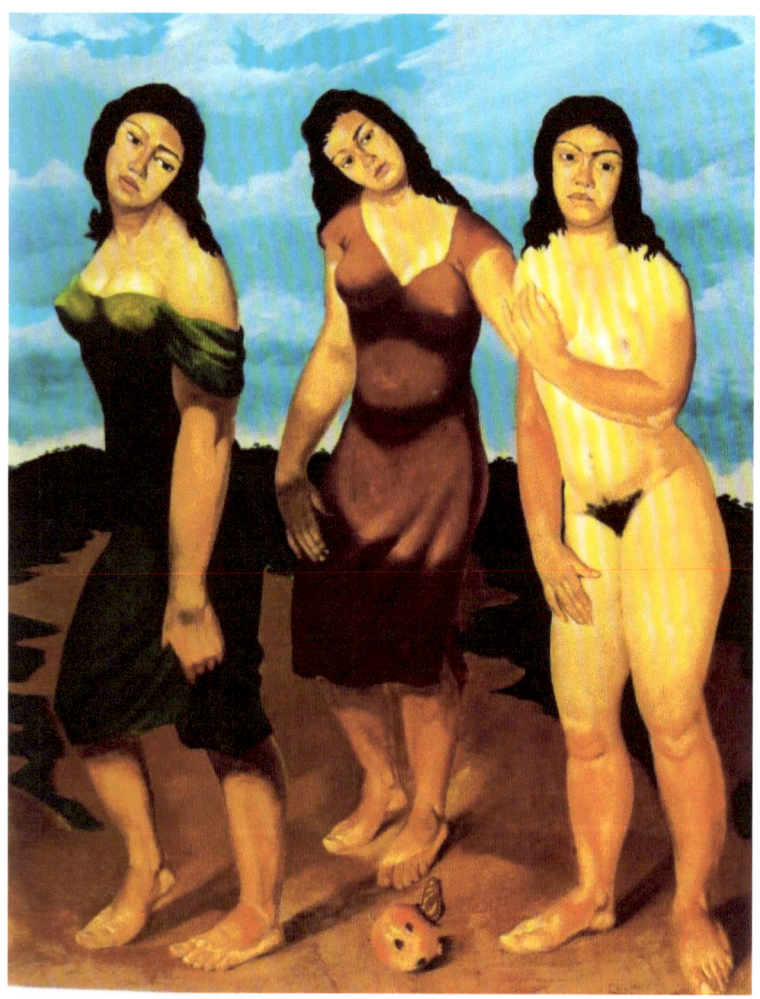

Author by Pedro León Castro

INTRODUCCIÓN
La importancia de los factores sociales

Esta es la monografía de un pintor por excelencia, de un artista venezolano adscrito al arte figurativo, con una obra plástica que abarcó más de medio siglo de trabajo productivo, de trabajo constante, pero sobre todo, creador de una obra social y artísticamente comprometida.

Durante diferentes épocas, Pedro León Castro, utilizó una gran variedad de medios en su proposición artística y los signos más apreciados por el arte moderno: la ambigüedad, la reversibilidad, la sugerencia, la evocación, el enigma y en especial la polisemia, es decir; "la posibilidad de que el espectador encuentre varios significados, que le permitan participar en la elaboración de una respuesta estética, a partir de una realidad plástica o nueva realidad, creada por el artista en el espacio pictórico" (1).

Estudiosos, biógrafos y críticos del artista, coinciden en que la característica fundamental que se advierte en todos los componentes de la estructura, en la obra de León Castro, es la diversidad que impide que ella pueda ser enmarcada dentro de parámetros invariables. Por ello, plantean, que resulta casi imposible ubicar la producción del pintor exclusivamente dentro del realismo social (2). Sin embargo, el contenido social de sus cuadros no se puede tapar de un pincelazo, y aun cuando en ocasiones no se ajustó a los esquemas formales y conceptuales de esa tendencia; lo cierto es que tuvo aproximaciones profundas en distintas etapas de su quehacer artístico, según podremos apreciar en los próximos capítulos.

Ángel Cristóbal García

Como todo producto cultural, la obra plástica de Pedro León Castro conlleva las condiciones impuestas por las circunstancias, que inciden en el ámbito social, y que determinan el proceso de producción del objeto artístico. Ellas configuran un sistema de valores, éticos, estéticos, económicos, políticos, que llegan por diversas vías y se manifiestan en la obra misma.

El mismo pintor comprendió desde muy joven la importancia de los factores sociales y su incidencia en el proceso cultural, y ya en la madurez expresaba que "toda manifestación artística refleja el pensar y el sentir de determinado grupo social" (3). Y por tanto, "no se puede decir que tal o cual tendencia no está impregnada de fondo social y económico que dichos grupos representan" (4).

Y agregaba: "Expresión exacta de mis palabras las podemos encontrar en el arte romano, el cristiano, el renacentista y en último término, en el cubismo y el surrealismo, productos de la descomposición social..."(5).

El lector podrá percatarse en las siguientes páginas, cómo la vida y la obra de este pintor de origen portorriqueño, corroboran la veracidad de sus palabras. Un hombre que ha sido testigo presencial y participante en el insólito desarrollo del pasado siglo, y que ha registrado en su praxis artística las condiciones a las que ha estado sometido como individuo, como ser social y como artista.

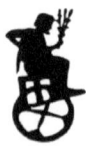

Ángel Cristóbal García

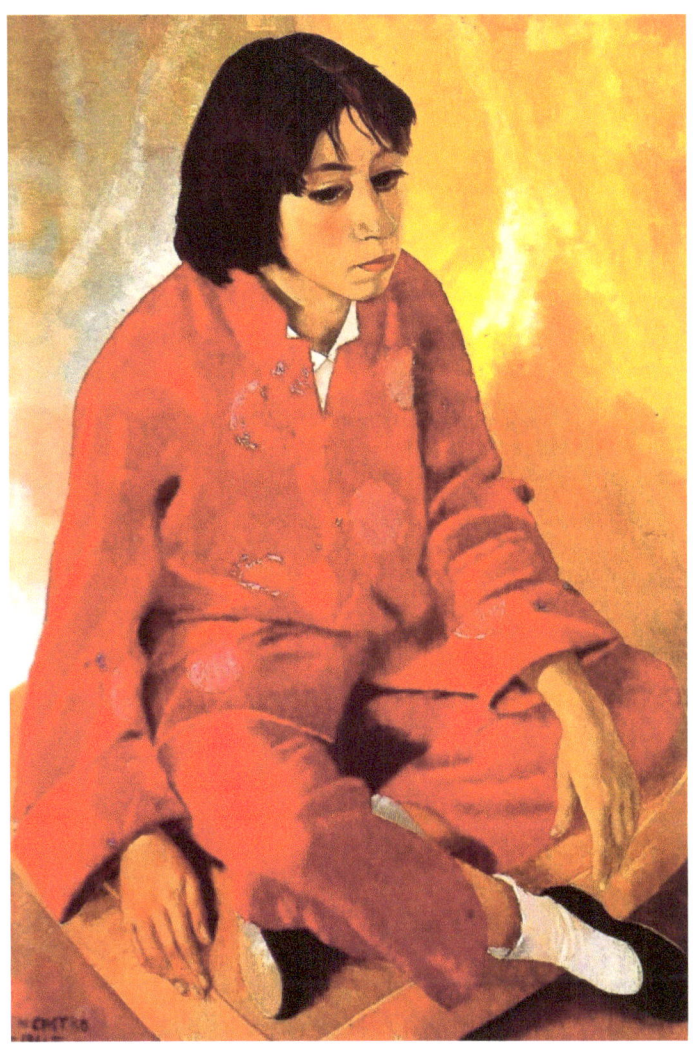

Author by Pedro León Castro

I PARTE

El trágico y emocionante principio de toda aventura

En 1775 fue fundado el pueblo de Caguas, en el Valle del Turabo, rodeado por las Sierras de Cayey y Luquillo en el extremo oriental de la Cordillera Central de la isla de Puerto Rico. Su nombre se deriva del Cacique Caguax, legendario jefe indígena que reinó en estas tierras en el ocaso de la civilización taína (6); quien se enfrentó con valiente resistencia a los conquistadores españoles.

Aunque Caguas es cuna de ilustres puertorriqueños que han dado inmenso prestigio a la patria de Pedro Albizu Campos (7), nada allí recuerda -ni el Centro de Bellas Artes, ni el Museo Histórico-, que en esta ciudad de profunda sensibilidad estética y herencia espiritual nació Pedro León Castro; el 10 de enero de 1913, fruto del amor de una humilde pareja integrada por el español Félix León Cruz y la boricua Magdalena Castro.

Quizá si su padre no hubiese muerto en 1919, la historia hubiese sido otra, pero ante la pérdida del sustento familiar, la madre valiente y decidida toma la decisión de trasladarse en 1919 a Venezuela, tierra prometida donde vivía una tía de Pedro.

Desde la lejanía totalizadora de un barco que se aproxima, el niño inmigrante de apenas siete años de edad atrapará las primeras imágenes del Puerto de La Guaira, pintoresco lugar cuyo fondo montañoso hace destacar al hermoso poblado, como en un primer plano de un gigantesco cuadro. Esa es la primera visual que perdurará en la memoria del niño acrecentando con los años su poder evocador, visión paradisíaca sólo empañada entonces por los temores de lo que él mismo llamó "el trágico y emocionante principio de toda aventura" (8).

La Guaira, Caracas, Venezuela en su totalidad, serán para siempre parte fundamental del patrimonio emotivo del artista. El país se le hará indispensable muchos años después, cuando en 1948 repite el mismo itinerario europeo de casi todos los artistas venezolanos. Como era su costumbre, escribirá en su diario, citado por Alicia Patiño:

"Aquí voy yo, embarcado en la primera y más grande (aventura) que he vivido. Se sumerge uno en ella con la misma ingenuidad de siempre. Con el delicioso deseo de gustarla en toda su intensidad y sentirla en lo más hondo de nuestros huesos. Por eso hago el gran sacrificio de separarme de todo lo amado, para darme íntegramente a lo desconocido. Separarme de la tierra o del lugar donde uno ha nacido, es como arrancar un árbol de la tierra. Es sentirse con todas las raíces desprendidas y rotas..." (9).

Pedro León irá acumulando, con el sentido común y la terrible responsabilidad que algunos le han asignado, la cruda realidad que va descubriendo en el nuevo mundo que le toca vivir. Y como a todo ser humano, las vivencias infantiles le servirán de base para armar su plataforma existencial.

Llegan a Venezuela precisamente cuando Juan Vicente Gómez (10) había consolidado su poder casi absoluto con la creación de un ejército regular, y el goce de una economía de base petrolera, que comenzaba entonces a ser la principal fuente de ingresos del Estado.

En el campo de las artes plásticas, se sentía la influencia del impresionismo en las pinceladas fuertes, y la actividad del Círculo de Bellas Artes (11), que se refleja en los cambios de hábitos visuales de la gente. Artistas como Nicolás Ferdinandov, Federico Brandt, E. Monsanto y Armando Reverón (12) exponen en la Universidad Central. Esta muestra de 1920 sería la última colectiva de los integrantes del Círculo, grupo que se romperá debido a las necesidades y aspiraciones individuales de sus miembros.

El arte quedará desde entonces, y hasta 1936, inscrito en otro círculo, pero éste cerrado, aislado del contacto con el arte internacional; como consecuencia de las condiciones sociales impuestas por un régimen autocrático, mantenido por medio del terror. Esta es la situación económica y política que encuentra

Pedro León Castro a su llegada a Venezuela; "el país que el artista recuerda, como aquél en que se ha nacido". (13)

Los primeros pasos en el arte

A temprana edad Pedro asiste a los talleres sabatinos de dibujo que se impartían en su escuela primaria. Sentía la necesidad de dibujar, de poner color, y lo hace como todos los niños, libremente. Pero en él la necesidad persistirá hasta hacerse prioridad. En 1930 comienza a trabajar en una carpintería y en las noches le permiten visitar la Academia de Bellas Artes. Allí observa los originales de los grandes maestros venezolanos que están en ella y asiste a los cursos libres. "Tan libres –recordará más tarde-, que no había profesores, únicamente modelos de yeso" (14). De ese primer aprendizaje autodidacta, existe como testimonio su *"Autorretrato del lazo"*, actualmente en la

Galería de Arte Nacional. También desde esta época, el joven comienza su relación íntima con los materiales, que le servirán de medio en la creación de formas de un espacio plano, y que definirán su tarea como pintor. Por eso, en el futuro podrá decir con la seguridad que le da una autosuficiencia consciente, que las técnicas no tienen ningún secreto para él.

En 1934 ingresa formalmente en la Academia con una beca mensual de 100 bolívares. Las condiciones económicas hacen, como sucede con la mayoría de nuestros artistas latinoamericanos, que el joven distribuya su tiempo entre el trabajo necesario para subsistir y la pintura esencial de su ser. Tiene un poco más de veinte años y sus primeros trabajos pictóricos parecían desarticulados, aunque fuertes en el dibujo y el color, sin embargo, según César Rengifo (15), quien será su amigo de por vida, Pedro León, con su erguida, larga delgada figura y su actitud taciturna; daba la impresión de algo añejo, maduro: por eso sus compañeros con quienes a partir de este momento mantendrá estrecho vínculo – Armando Barrios, José Fernández Díaz, Héctor Poleo y el propio Rengifo-, lo llamarían "Castro Viejo".

Tras la muerte del presidente Gómez, en 1936 la Academia de Bellas Artes es sometida a una reforma de sus planes de estudio, para adaptarla a los nuevos tiempos, en los que la palabra "renovación" es la clave en las relaciones sociales. El cambio no afectará sólo el nombre de la Academia, que se llamará entonces, Escuela de Artes Plásticas y Artes Aplicadas de Caracas; sino también se manifiesta en la organización planificada de la enseñanza.

Pedro León no se acopla del todo al nuevo sistema, aunque comprende su importancia. Le aturden los estudios disciplinados, sujetos a horarios fijos y a espacios especiales, pero trata de tomarlos con paciencia y comprensión: no hay otra manera de dominar el oficio, y sin ese dominio, todo lo que anhela puede quedarse en sueños.

Pintura de albañil
En 1938, realiza su primera exposición individual en el Ateneo de Caracas, en la cual muestra dibujos, pinturas y grabados. La muestra fue reseñada en la prensa (El Universal, 10 de julio de 1938). Durante esa época su obra, orientada por Marcos Castillo (16), era penumbrosa y romántica, de factura enérgica y trabajada con espátula, en la que se advierte la influencia de los postimpresionistas y de algunas pinturas de Federico Brandt.

Aunque se entrega con la mayor seriedad a sus estudios, algunos de sus compañeros se referían a su pintura como "ruda y fea, como si estuviese ejecutada por un albañil". Sobre todo uno, Fernández (Fez) (17), lo hostigaba con frases mordaces: "¡Qué feas son esas mujeres, huelen mal!", solía exclamar delante de las obras de Pedro León. Pero él estaba claro en sus propósitos; le preocupaba la verdad humana y había aprendido a ver en profundidad.

Pasaba horas mirando y estudiando reproducciones de Holbein (18) y de Goya (19). En la apreciación de la obra de otros pintores, el joven pintor buscaba la clave de su propia expresión. Por entonces trataba de encontrar una pintura de carácter colectivo, que integrara el hombre y la naturaleza, de una manera armónica.

Fue entonces cuando entró el muralismo mexicano (20), como una buena nueva, a la Escuela de Artes Plásticas; produciendo rápidos resultados en los estudiantes, que veían en esta tendencia la extraordinaria posibilidad de poder comunicarse con el pueblo, rompiendo el tabú del arte. Todos repetían las palabras del escritor Romain Rolland, "la pintura al fresco es la pintura de los pueblos y para los pueblos". El fresco es la pintura humana por excelencia. Es la expresión práctica de lo colectivo" (21).

Aquel suceso fue descrito de forma excepcional por César Rengifo, quien narra la secuencia de un proceso en una crónica referenciada por Alicia Patiño, en su obra ya citada:

> En la escuela se introdujo una mañana la cátedra de pintura mural al fresco. Rápidamente se roturaron paredes, se

pudrieron varios barriles de cal, se comenzó a lavar arena del río y a tamizar polvo de mármol. Junta a esa labor surgieron los bocetos y los dibujos a grandes dimensiones. (…) Pedro León se creció entonces ante los compañeros. Su contextura muscular le permitió romper paredes con mayor facilidad y hacer de albañil como si hubiera conocido el oficio desde mucho antes. Sorpresivamente comenzaron a surgir frescos. Todos los alumnos de este curso ignoraban que en nuestro país no pondrían nunca en aplicación ese género de pintura. Sin embargo, se trabajaba con entusiasmo" (22).

Para el joven pintor la técnica del mural fue una revelación. Todas las dimensiones se agrandaron, las de sus bocetos y proyectos y las suyas como pintor. Cuando en 1940 Pedro León finaliza sus estudios de arte puro, continúa en la Escuela un año más y realiza hasta 1941 el Curso de Formación Docente, con especialidad en pintura mural. Para ese año, la crítica comienza a ser favorable: obtiene una mención honorífica en el Concurso Interamericano de Arte, en Santiago de Chile

No obstante el entusiasmo explícito que despertaba el muralismo mexicano, el artista pudo establecer un justo equilibrio de influencias, que más tarde le permitiría abrir un camino propio. Aquellos encuentros buscados o casuales con esos artistas, creaban lazos tanto emocionales como intelectuales, de los que Pedro León iría zafándose luego, cual lastre, quedando cada vez mejor equipado para el viaje.

Ángel Cristóbal García

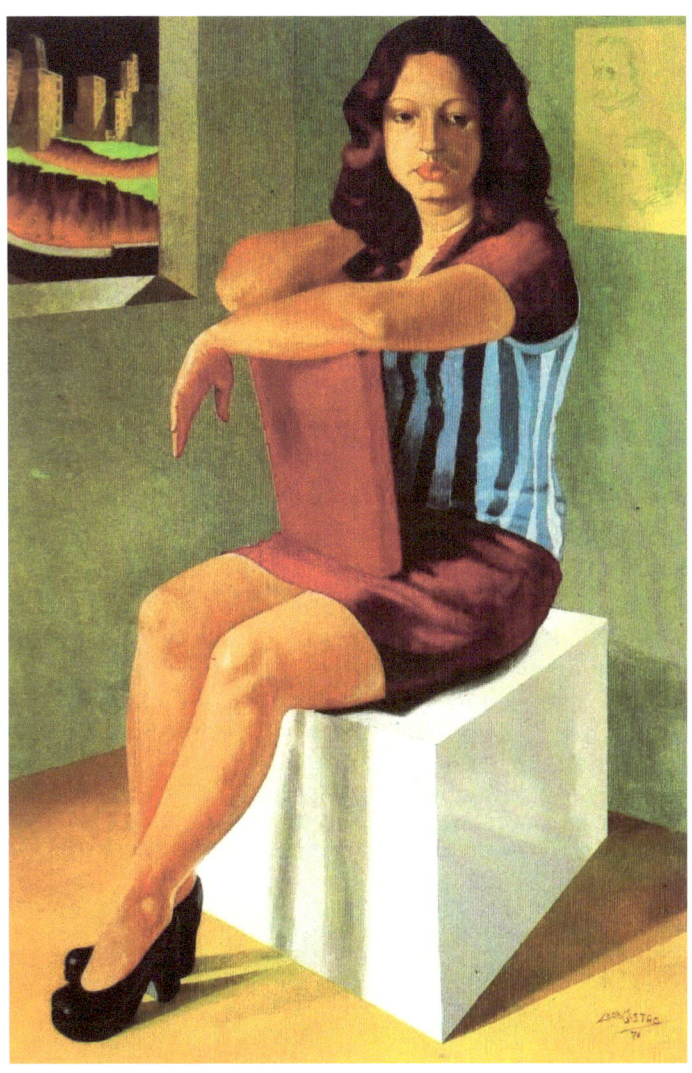

Author by Pedro León Castro

II PARTE
El realismo social

La corriente del realismo social atrae a un sector de jóvenes artistas del momento, de cuya influencia no escapa León Castro, pero el pintor, tal como veremos en este capítulo, desarrolla un estilo muy personal, según lo expresa Juan Liscano:

> "A pesar de su respeto por la forma, León Castro es un pintor espontáneo (...), sus cuadros se diferencian unos de otros. Su obra, por esta misma razón, es irregular. Felizmente. Porque nada resulta más agradable que la pintura de receta". (23)

Una habitación de una vieja casona colonial de

Llaguno a Bolero, sirve de taller en 1942 a tres jóvenes pintores: Héctor Poleo, César Rengifo y Pedro León Castro. Allí los localiza un periodista quien para poder realizar su oficio debió poner a prueba su resistencia física:

> Un corazón lo suficientemente bueno como para resistir unas escaleras empinadas; una vista excelente para atrapar un corredor largo y oscuro. Y después unos nudillos de hierro para insistir en la madera de la puerta, pues ellos, los tres, parecen no oír en cuanto se dedican a su trabajo (24).

En ese momento, el realismo social era el que orientaba las temáticas de los tres artistas. Después, Rengifo insistirá durante toda su vida con una intención social de tipo rural, aunque amplía sus propósitos escribiendo obras de teatro. Poleo experimentará con excelentes resultados, en otras tendencias. Por su parte, Castro "Viejo" no abandonará el tema social que evolucionará hacia una temática urbana, pero no con exclusividad.

Es precisamente ese año 42, cuando obtiene una segunda mención honorífica en el III Salón Oficial, con un *"Autorretrato"* realizado un año antes. También se incorpora como docente a varias academias del interior del país, tarea ésta que no abandonará hasta su retiro en 1976.

Tras dos largos años de espera por la crítica, en 1944, Pedro León se anota un reconocido éxito, al recibir el Premio Oficial de Pintura en el V Salón Oficial –premio constituía entonces uno de los mayores triunfos para un artista venezolano, por la importancia y trascendencia que el galardón representaba-, con su pintura

"Barrios de Monte Piedad" (propiedad de la colección Fundación Boulton). Ya ha prescindido de la espátula, trabaja con pincel, dibujando figuras y los paisajes con una técnica que recuerda a los primeros pintores flamencos. Críticos, periodistas, artistas y poetas escriben sobre su obra. A todos sorprenden aquellos cuadros ahora impecablemente realizados, donde con verdadera espontaneidad se mostraba un estilo concreto y personal.

> Es muy diferente el Pedro León Castro de ahora a aquel pintor ingenuo que dibujaba trazos musculares, carnes barrocas y paisajes nervudos. Es muy diferente, el Pedro León Castro de hoy a aquel que descifraba su lenguaje interior en rudos caracteres y toscos jeroglíficos. Su idioma ha encontrado expresión. (25)

El premio obtenido y su trabajo docente le producen una relativa tranquilidad económica. Se muda a una casita al pie de la montaña –según describe Fraiz Grijalba en la reseña que publica en *Últimas Noticias*, el 3 de diciembre de 1944-, "donde cada atardecer baja la niebla como una vieja amiga, a asomarse, melancólica y muda, tras la empalizada del patio". El estilo descriptivo de Gijalba, retratan mejor que ningún otro las dimensiones humanas del pintor: "Amo a estos seres concentrados y tímidos, cuya sola proximidad obra el poder de avivar en nosotros no sé qué misteriosas y remotas resonancias, cuyos silencios tienen más fuerza expresiva que todos los pirueteos de la charlatanería vulgar". (26). Y continúa con ese toque femenino que se respira en toda la reseña:

"Pasamos al estudio, una habitación que es al tiempo, alcoba del pintor.

Sobre una mesita un libro de Holbein. En una estantería un libro de Van Gogh. Amorosamente el pintor va colocando cuadros sobre el caballete, contra la pared. No hablamos nada" (27).

En 1945 Pedro León viaja a Bogotá con Alejandro Otero y César Rengifo, para exponer la muestra *"Joven pintura venezolana"* en la Biblioteca Nacional de esa capital hermana. A pocos meses de su regreso, en julio de 1946, inaugura su primera exposición individual en el Museo de Bellas Artes de Caracas. Luego lo hará en 1948, en 1953 y en 1958.

Curiosamente, al contrario de la mayoría de sus contemporáneos galardonados con el Premio Nacional, Castro Viejo tardará cuatro años en viajar a Europa -tardanza ocasionada en parte por la ocupación nazi de París, liberada por los aliados y la resistencia en 1945. Entre finales de 1948 y principios de 1949, estudia en la "ciudad luz" y en Roma, con una bolsa de trabajo. Su ausencia de Venezuela será apenas de seis meses, esta experiencia queda plasmada en un conjunto de dibujos, acuarelas y paisajes que expondrá a su regreso en 1949. El reencuentro con la tierra amada, le produce mayores satisfacciones que el viaje mismo.

Un hueso duro de roer
La segunda mitad del siglo XX irrumpe en el ámbito de la pintura con un rompimiento de verdadera trascendencia: el abstraccionismo (28) y la figuración (29) han polarizado la labor de los artistas. Los abstraccionistas defienden una independencia total de la realidad física propia del entorno humano, es decir, según ellos su obra es creación absoluta, dado que eliminan cualquier referente externo a ella. Por su parte,

los figurativos también defienden la pureza de su creación, pues crean imágenes que son una interpretación o modificación de la realidad física, hasta llegar por esa vía a otra realidad.

La pugna entre las dos corrientes venía ocurriendo en el medio artístico venezolano desde 1945, favorecida por los estudiantes de arte. Y se recrudece en 1950 con la actividad no exenta de violencia del grupo Los Disidentes – en los que predominaba de manera absoluta el arte abstracto-, al cual ya hicimos referencia en trabajos anteriores (30), y cuyos miembros introducen en el país el cambio que se había producido en Europa; en los esquemas del proceso de producción, distribución y consumo de la obra de arte. Cambio que afectó el condicionamiento visual del público receptor, y tuvo efectos directos sobre los artistas figurativos, que debieron replegarse, e incluso llegar a la "clandestinidad" artística. Esto afectó también a los artistas que, como Pedro León Castro, habían sido ubicados dentro del realismo social, cuyas obras llenas de propuestas formales, fueron rechazadas de manera rotunda por los abstractos. Es válido señalar que la sociedad venezolana de entonces identificaría al abstraccionismo como sinónimo de "avance", de "desarrollo científico y tecnológico", privilegiando las obras de esa corriente en detrimento de las demás.

Pero más sabe el León por "viejo", que por "león", y nuestro pintor, paciente y disciplinado como en sus buenos tiempos de estudiante, persevera introduciendo cambios en su obra, que se va renovando constantemente. Castro Viejo se mantiene firme, dentro de una concepción artística que insiste en colocar al hombre en interrelación dinámica con todos los factores sociales que lo condicionan: la naturaleza, los objetos, las cosas y los otros seres que constituyen su entorno.

Aquél que persevera triunfa. Así lo demuestra cuando, corriendo el año 1951, obtiene el premio John Boulton en el XII Salón Oficial, con la obra *"En el taller"*, la cual pintó entre 1949 y 1950, y donde se encuentran presentes reminiscencias del cubismo que llegó a nuestro país después de 1936, con la renovación de los planes de estudio de las Escuela de Artes Plásticas, y bajo cuyo influjo Pedro León realizó obras a la manera cubista, dentro de su propia investigación forma.

Por esa época ocurre un hecho curioso, que ha pasado desapercibido para los críticos e historiadores; reseñado sí, pero sin comentarios, en el Diccionario de las Artes Visuales de

Venezuela, y la Cronología de León Castro que escribe Alicia Patiño. Resulta que Alirio Ugarte Pelayo, quien era en 1952 gobernador del estado Monagas, le encomienda al pintor la ejecución de un mural al fresco, de dimensiones monumentales, en el recinto del Liceo "Miguel José Sanz", de Maturín. El tema que el artista comienza a desarrollar es el de la esclavitud, es decir la incorporación de los negros africanos al trabajo esclavo y a la vida de América; terrible idea capitaneada por Fray Bartolomé de las Casas para "salvar" a los aborígenes americanos; la rebelión de Sanz y la lucha por la independencia. Cuando había realizado ya 76 metros cuadrados del mural, el mismo fue destruido por orden oficial. Pero a pesar de ello, León Castro expondrá los bocetos de la frustrada obra, que él tituló *"La esclavitud en Venezuela"*, en el Museo de Bellas Artes de Caracas, en 1953.

Al año siguiente participa en el proyecto de integración de las artes que propugnaba el arquitecto Carlos Raúl Villanueva (31), en la Ciudad Universitaria de Caracas, y ejecuta el mural *"Gestas universitarias"*, que aún puede verse en la Sala del Consejo Universitario del Rectorado. Entre esta fecha y principios de los sesenta, el pintor dedicará gran parte de su tiempo a la docencia y continúa pintando y exponiendo. Obras representativas de ese periodo son: *"El baño"* (1957), *"Vendedora de calas"* (1959), *"Retrato de Josefina"* (1961) y *"Retrato de Flérida"* (1961).

En 1964, atraído por la fama y el arte de los grandes muralistas mexicanos, León Castro viajará a México, ciudad donde entra en contacto con el célebre Taller de Gráfica Popular, conoce a David Alfaro Siqueiros (32) y presencia los trabajos de pintura mural que se desarrollan entonces en Ciudad México. Hacia 1966 incorpora la técnica de la encáustica a sus medios expresivos, mientras comienza su exploración del objeto, sobre lo cual más tarde declarará el propio pintor:

"Mis figuras tienen que moverse, reaccionar (…), no puedo presentar la tranquilidad y el estatismo (…). Las calabazas flotan, los paisajes son luz, la perspectiva de la mesa es arbitraria, utilizo las formas naturales; pero la imaginación es la gobierna. Creo que me estoy saliendo del realismo". (33).

Sin embargo, en obras posteriores a estas declaraciones se evidencia que el artista no se desprende por completo del tema social. En cuadros como *"Hampa"* (1979), *"Caracas bajo la contaminación"* y *"Amanecer en Caracas"* (1980), la problemática rural es sustituida por la inquietante realidad urbana. En la década de los ochenta trabaja sobre madera para conseguir los acabados lisos de sus "objetos metafísicos". Participa en "Indagación de la imagen (la figura, el ámbito, el objeto). Venezuela, 1680-1980. Exposición temática. Primera Parte", que organiza la Galería de Arte Nacional, y realiza una individual de grabados en el TAGA (1982), donde reúne parte de su obra gráfica; aquella que ha ocupado un continuo interés en su trayectoria, sobre todo la técnica xilográfica. Finalizando los ochenta expone *"Obras recientes"* en el Museo La Rinconada.

A principios de los noventa, el maestro inaugura *"Invitación al génesis": Pedro León Castro. Objetos metafísicos"*, en el Museo Arturo Michelena, de Caracas, donde reúne obras despojadas de la anécdota, cuadros que se concentran en el objeto y su relación con el espacio; en clara alusión a aquella batalla entre la figuración y la abstracción, de la que no participó en su momento, por considerarla una estulticia de moda.

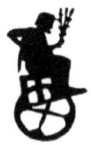

Ángel Cristóbal García

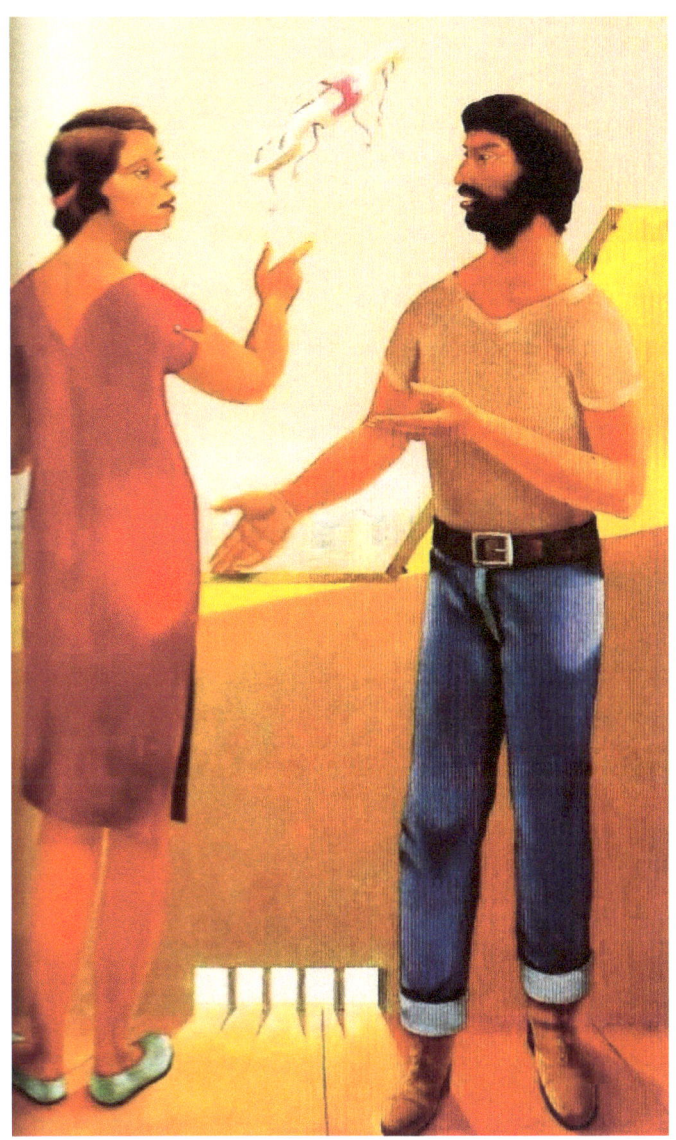

Author by Pedro León Castro

III PARTE
Urbis et hominis

La integración del paisaje y la figura humana en la producción artística de Pedro León Castro, tiene una intención de índole social. Las obras de este tipo, como testimonio, evidencian problemas sociales –rurales o urbanos-, de carácter testimonial que las clasifican dentro del *realismo social.* Las imágenes de estas pinturas denotan un ambiente donde el paisaje y los seres humanos se convierten en signos, especie de gritos del silencio que ponen de manifiesto un injusto sistema de relaciones.

El paisaje realista social había cambiado, de acuerdo a las transformaciones que han ocurrido en la sociedad venezolana.

La economía monoproductora basada en el petróleo, ha generado el abandono del campo y la sobresaturación de la ciudad. Una compulsiva emigración de la población campesina marcha a Caracas, convertida en el principal polo de desarrollo del país. Así comienza el llamado cinturón de miseria, las zonas populares alrededor de la capital, que hoy llamamos "cerros". En estos cuadros, el artista emplea los colores grises y ocres oscuros, y los muros como signos que separan los espacios urbanos.

Las formas que representan a los humanos, son en la mayoría de los casos mujeres; porque el pintor ha querido llevar al lienzo el carácter de doble marginamiento que sufre este género en la década de los cuarenta. En una sociedad eminentemente machista, la relación hombre-sociedad y la relación hombre-mujer, son antípodas. De ahí que en los cuadros de León

Castro sean formas esquemáticas, a veces magnificadas, a veces disminuidas, de acuerdo al interés que predomine en el campo plástico.

La temática referida a los seres humanos cubre varios aspectos: el que la integra al paisaje, el retrato, el autorretrato y el desnudo. En el primero, Pedro León demuestra una maestría fuera de toda duda; cada retrato es un estudio sicológico del modelo; pues cada uno de ellos sintetiza junto con los rasgos externos, la idiosincrasia del retratado. Como en lingüística, cada significante posee un significado muy preciso, predominante, que ocupa el primer plano de la pintura.

El autorretrato

El problema que origina representar a un ser humano, se vuelve más complicado cuando el artista decide representarse a sí mismo. Por un lado, el dilema de mostrarse o no, pues detenerse iconográficamente, en varios momentos de la existencia, en confrontación con el tiempo, es una de las extrañas decisiones de algunos artistas: "ser o no ser, esa es la cuestión". Los ejemplos sobran; recordemos sólo los retratos de Francisco Goya -donde la mirada despiadada del genial español habla por sí sola-, para comprender su búsqueda titánica de lo auténtico.

Pedro León Castro pintó muchos autorretratos y al verlos, se pueden ver los cambios del hombre a través de la existencia; unas veces angustiado, otras perplejo, pero en todas, sus ojos, como rendijas de su ser, nos permiten echar una mirada hacia dentro. Claro ejemplo de ello es *"Autorretrato"*, de 1942. Un óleo sobre tela cuya solidez de la forma proviene de la influencia de Velázquez (34), que el maestro reconoce fue decisiva en un momento de su proceso artístico, mientras el tratamiento del color, la pureza de los tonos, las sombras azules y violetas, son inspiradas por Cezanne (35).

El desnudo

Pedro León comenzó a pintar desnudos desde sus tiempos de estudiante. Cuerpos sólidos, de contornos rotundos y saludables que recuerdan a las mujeres de los cuadros renacentistas (36). Los cuerpos desnudos, de frente o de espalda, con una gran carga sensual, desencadenan interpretaciones que provienen de la propia fantasía del pintor. El desnudo se presta para la especulación mental, desencadena una espiral de connotaciones, en las que el juego erótico entra como intención de la obra.

Ángel Cristóbal García

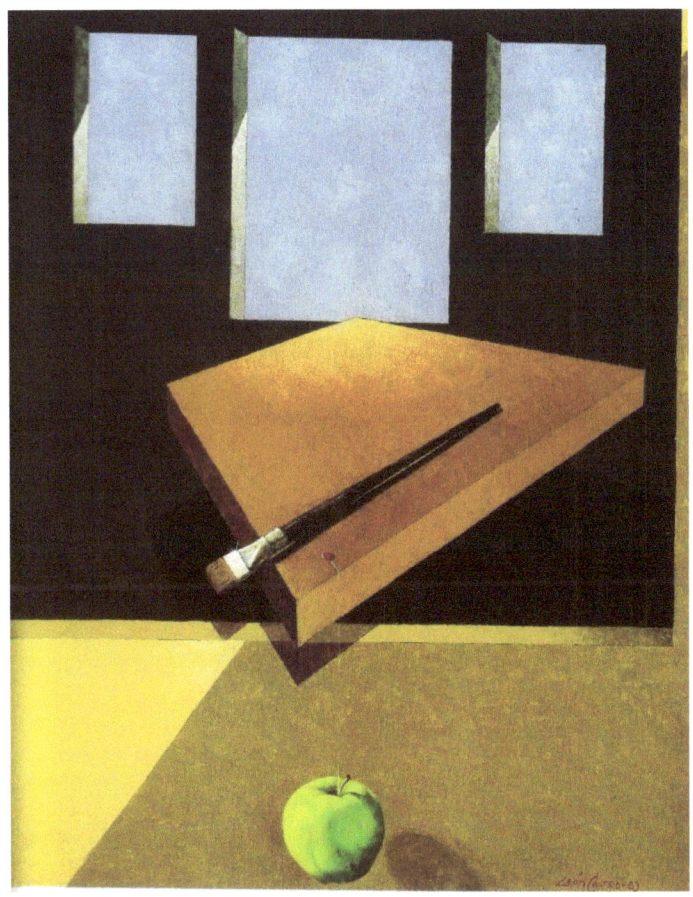

Author by Pedro León Castro

Ángel Cristóbal García

EPÍLOGO

El siglo XX que dio origen a profundos cambios sociales, políticos y sociales, en el arte, como producto social, generó nuevas formas de representación. En este marco histórico, la obra de Pedro León Castro se fue consolidando como una de las más sólidas y coherentes dentro de la pintura venezolana.

Al dejar un poco de lado la temática como centro de su universo artístico y trasladarlo a la búsqueda plástica, sumado a un profundo conocimiento de las diferentes técnicas pictóricas y a la fantasía con que propone un escape hacia una realidad subjetiva, el artista fue configurando, calladamente, un trabajo artístico de muy significativa relevancia.

Pedro León Castro fue, además, en la Escuela de Artes Plásticas "Cristóbal Rojas", profesor de muchos de los artistas venezolanos de la actualidad. Y en ese sentido, también ha tenido trascendencia.

Como ha podido verse en esta monografía, su actividad artística ha sido muy productiva, realizado exposiciones en los más importantes institutos artísticos del país y obtenido los más altos reconocimientos de la nación.

El maestro León Castro continuó trabajando durante las últimas décadas del siglo XX con la misma disciplina y rigor como lo hizo desde sus inicios; repartiendo su tiempo entre la labor docente y la pintura. Finalmente, después de su jubilación, se dedicó con exclusividad a pintar.

Final feliz para ese "trágico y emocionante principio de toda aventura" que comenzó aquel lejano año de 1920.

PRINCIPALES EXPOSICIONES
1938. Ateneo de Caracas.
1944 / 1950. Museo de Bellas Artes.
1951. Instituto Cultural Venezolano Soviético, Caracas. Centro Social de Profesionales de Telecomunicaciones.
1971. "Ritmos y árboles". Sala de Exposiciones, Plaza Bolívar, Caracas.
1981. Centro de Arte Euroamericano, Caracas/Corpoindustria, Maracay
1990. Galería Gabriel Bracho, Caracas.
1993. "Invitación al génesis": Pedro León Castro. Objetos metafísicos". Museo Arturo Michelena de Caracas.
1994. "Miradas desde el cristal". Sala Sidor.

PREMIOS Y GALARDONES

1941. Mención honorífica. Cuarto centenario de la ciudad de Santiago de Chile.

1942. Mención honorífica, III Salón Oficial.

1943. Mención honorífica, IX Salón de Arte, Ateneo de Caracas.

1944. Premio Oficial de Pintura, V Salón Oficial.

1951. Premio John Boulton, XII Salón Oficial.

1953. Premio Arturo Michelena, XI Salón Arturo Michelena.

1959. Premio Antonio Esteban Frías, XX Salón Oficial.

1966. Segundo premio de pintura, concurso Pegaso, Mobil de Venezuela, Ateneo de Caracas.

1967. Premio único, "Caracas vista por sus pintores", Sala Mendoza.

Ángel Cristóbal García

COLECCIONES

Ateneo de Valencia, Edo. Carabobo / Edificio del Rectorado, UCV/ Fundación Boulton / Galería de Arte Nacional.

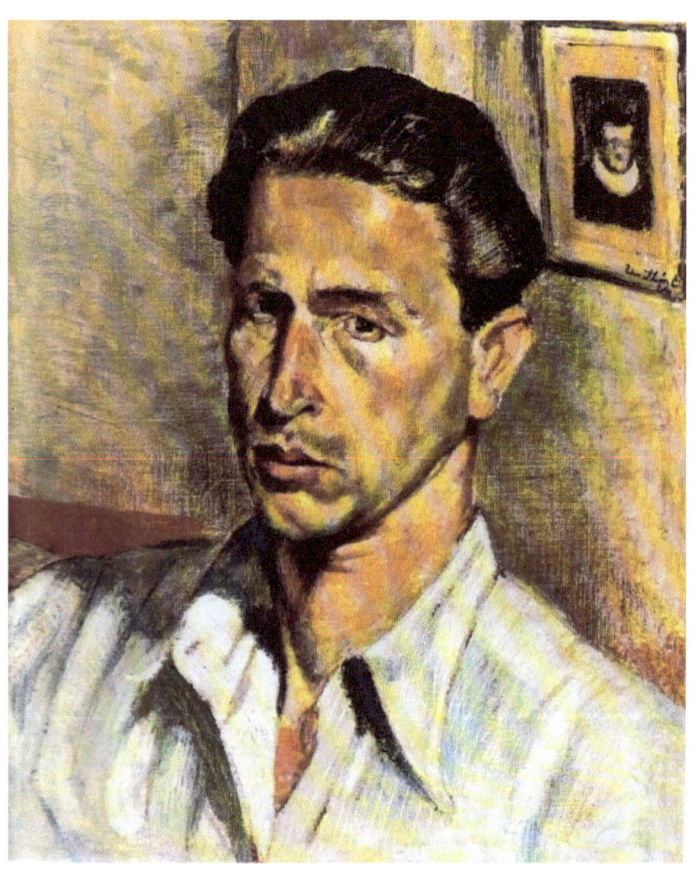

Pedro León Castro. Autorretrato.
Óleo sobre tela. 60 x 50 cm 1942

Ángel Cristóbal García

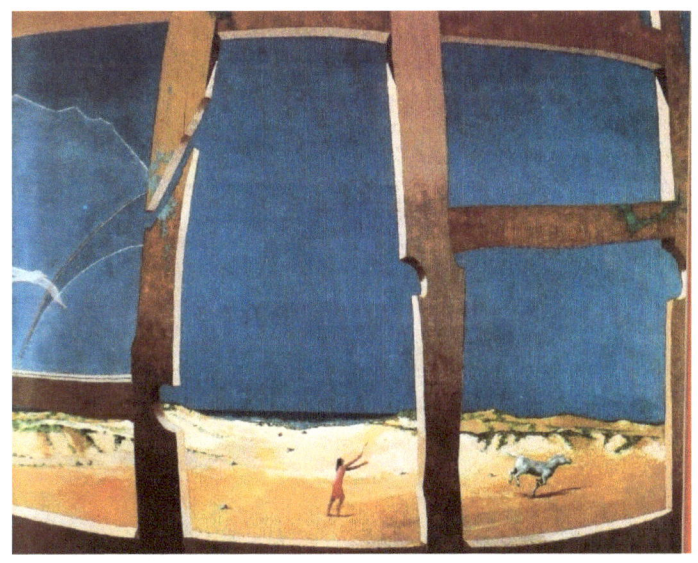

Dimensión plástica de una tarde
Encáustica sobre madera. 105 x 155 cm
1973

Ángel Cristóbal García

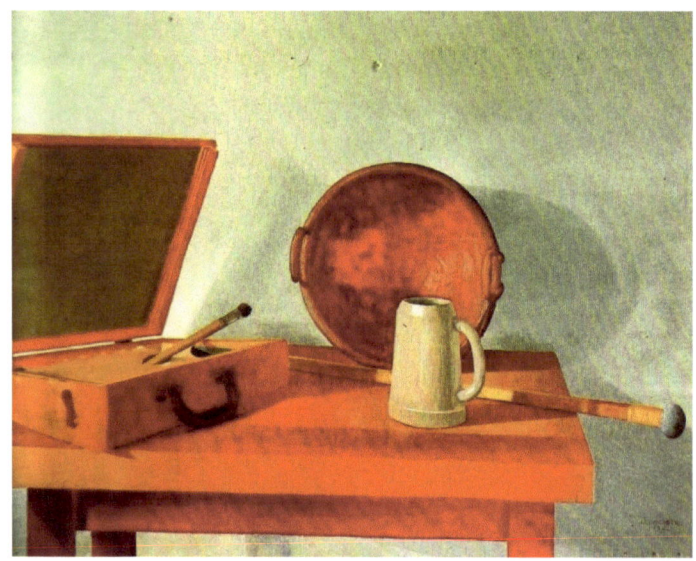

Author by Pedro León Castro

Ángel Cristóbal García

NOTAS

1. Alicia Patiño es la autora, entre otras monografías de artistas plásticos venezolanos, de "Pedro León Castro y su obra". El libro posee un estilo sobrio, excelente selección de los cuadros más significativos del pintor, y atinados comentarios sobre los mismos. Agradecemos la colaboración prestada por la sección de préstamos especiales, dirección Colección Bibliográfica, del Instituto Autónomo Biblioteca Nacional.

2. Realismo, en arte y en literatura, supone el intento por describir el comportamiento humano y su entorno, o por representar figuras y objetos tal y como actúan o aparecen en la vida cotidiana. Esta tendencia ha existido periódicamente a través de la historia en todas las artes; sin embargo, el término se restringe habitualmente al movimiento que comenzó a mediados del siglo XIX como reacción frente al romanticismo. La diferencia entre el realismo y el naturalismo es más difícil de definir, a pesar de que los dos términos son a menudo usados indistintamente. La diferencia estriba en el hecho de que el realismo se ocupa directamente de aquellas

cosas que son aprehendidas por los sentidos mientras que el naturalismo, un término más bien aplicado a la literatura, intenta aplicar teorías científicas al arte. En el arte, aunque nunca se desarrolló una escuela realista como tal, el concepto sí se ha manifestado de diferentes maneras y en distintas ocasiones. El término realismo social, utilizado para describir una obra de arte, a menudo, significa simplemente objetos y figuras feas en oposición a aquellas que se consideran bellas. Con frecuencia se usa para describir escenas humildes de la vida. Este término implica una labor de crítica a las condiciones sociales, sin rehuir en ningún momento lo desagradable. Algunos de los trabajos de artistas franceses han sido catalogados como realistas sociales.

3, 4 y 5. Ídem 1

6. Taino o Taíno, nombre con el que los historiadores y arqueólogos han denominado a la población indígena que habitaba parte de Puerto Rico, Cuba y la isla de Santo Domingo a la llegada de los españoles en 1492, y medio siglo después había sido casi exterminados por los invasores europeos. La palabra 'taíno', (significa no-

ble y bueno), parece proceder de la lengua arawak y ha sido utilizada para todas las poblaciones antillanas, cuando en realidad está asociada con los grupos indígenas que fabricaban la cerámica Boca Chica de la costa sureste de la isla de Santo Domingo, la occidental de Puerto Rico y la oriental de Cuba.

La migración taina, también llamada agroalfarera, irrumpió en las Antillas hacia el inicio de la era cristiana. Pertenecían al grupo lingüístico arawak, uno de los más extendidos de América, que llegó a ocupar desde las Antillas Mayores hasta el Paraguay. Trajeron consigo las técnicas agrícolas para el cultivo de la yuca (Manihot sculenta) y una visión del mundo muy peculiar. Sus sencillos centros ceremoniales, cercas de piedra y tierra y juegos de pelota, son expresión de un dominio del espacio y de una concepción arquitectónica de cierta complejidad. Sus viviendas (bohíos) eran rudimentarias y no diferían mucho de las continentales. Sus manifestaciones artísticas más notorias fueron su variada y expresiva cerámica, su pintura rupestre, entre lo figurativo y lo abstracto, y el dominio del trabajo escultórico con materiales tan variados como el barro, la madera, el hueso y la concha. Era una sociedad en transición de lo tribal-igualitario a las llamadas jefaturas-jerarquizadas, donde las relaciones de parentesco constituían el principal elemento de cohesión social y donde un liderazgo consolidado presagiaba una evolución hacia fórmulas sociales más complejas.

7. Pedro Albizu Campos, nació en Ponce, Puerto Rico; unas biografías reseñan su fecha natal como 29 de junio de 1893, y otras el 12 de septiembre 1891. Pero todas coinciden en que fue la figura más relevante en la lucha por la independencia portorriqueña durante el siglo XX. Se le conoce como "El maestro", y "el último libertador de América". En la Universidad de Vermont, estudió ciencias, especializándose en el campo de la química y de la ingeniería, y en Harvard estudió leyes. Ingresó al Partido Nacionalista de Puerto Rico, que tenía como objetivo irrenunciable la plena independencia de la tutela estadounidense. Por encargo del mismo, viajó por varios países de América Latina con el propósito de recabar su solidaridad a favor de la independencia de Puerto Rico. El 11 de mayo de 1930 fue electo presidente del Partido y dos años más tarde concurrió a las elecciones legislativas, en las que obtuvo

pocos votos; por lo que decidió pasar a la lucha revolucionaria. Debido a ello Albizu fue condenado en 1936, acusado de conspirar para derrocar el gobierno de Estados Unidos en la isla, y fue enviado a prisión en Atlanta.

En 1947 regresó a su patria, donde comenzaban los preparativos para una lucha armada, con el objetivo de demostrar que había oposición a los planes de instauración del Estado Libre Asociado. El 30 de octubre de 1950 se produjo el Grito de Jayuya, que incluyó un atentado al Presidente Harry S. Truman, del cual Albizu fue considerado responsable. Él y otros líderes fueron encarcelados de nuevo, esta vez en la isla. En 1953, el gobernador Luis Muñoz Marín indultó a Albizu, pero cuando en 1954 ocurrió el famoso acto tomista en la Cámara de los Representantes de Estados Unidos, se le revocó el indulto. En la cárcel, la salud de Albizu Campos se deterioró. Se comenzó a especular sobre su salud mental y en 1956, sufrió un derrame cerebral en la cárcel y fue trasladado al Hospital Presbiteriano de San Juan bajo vigilancia policial. Albizu Campos afirmaba entonces que había sido objeto de experimentos de radiación en la cárcel. Funcionarios sugirieron que Albizu estaba loco, aunque muchos médicos lo examinaron y encontraron síntomas de radiación. El 15 de noviembre, 1964 Albizu fue indultado otra vez y falleció el 21 de abril del año siguiente. Su entierro fue uno de los más concurridos que se hayan celebrado en Puerto Rico. Casi treinta años después, en 1994, bajo la administración del presidente Bill Clinton, el Departamento de Energía reveló que, en los 50 y 70 llevó a cabo experimentos con radiación en seres humanos, sin el consentimiento de los prisioneros. Se alega que Pedro Albizu Campos fue uno de las víctimas de este experimento.

8. Diario de Pedro León Castro, citado varias veces por Alicia Patiño en su monografía sobre el pintor.

9. Ídem 1

10. Juan Vicente Gómez nació en la hacienda La Mulera, cerca de San Antonio de Táchira, el 24 de julio de 1857. Siguió estudios muy rudimentarios y por breve tiempo. A la muerte de su padre, Pedro Cornelio Gómez (1883), se dedicó al comercio y a la ganadería.

Ángel Cristóbal García

En 1888, conoció a Cipriano Castro, entonces gobernador de Táchira (el estado natal de ambos), quien pronto le hizo su compadre. Cuatro años más tarde, en calidad de comisario de Guerra y con el rango de coronel, actuó con Castro en defensa del gobierno de Raimundo Andueza Palacio, quien finalmente fue derrocado, en 1892, por la denominada revolución legalista. Tras siete años de exilio cerca de San José de Cúcuta, se sumó a la revolución liberal restauradora que llevó a Castro al poder en 1899. Cumplida la misión de pacificar el estado de Táchira, se enfrentó victoriosamente a la conocida como revolución libertadora (1902), hasta acabar con ella, lo que le dio un inmenso prestigio militar. Se encargó del poder, en su calidad de vicepresidente, en noviembre de 1908, cuando el presidente Castro viajó enfermo a Europa. Desde el 19 de diciembre de ese año (cuando se consumó el golpe de Estado que le habría de otorgar poderes especiales al margen de los previstos por la Constitución de 1904) y hasta el día de su muerte, Gómez gobernó de forma dictatorial, tanto en sus tres mandatos presidenciales, como en aquellos intervalos en los que la presidencia de la República fue ejercida provisionalmente por políticos afines. En términos generales, sus distintos gabinetes estuvieron integrados por hombres ilustres. El gobierno de Gómez se caracterizó por la erradicación del caudillismo (si bien él mismo encarnó muchos aspectos de ese comportamiento) y la implacable persecución de sus enemigos políticos, que ensayaron numerosas conspiraciones y llenaron las cárceles del país. Asimismo, reformó la Constitución en vigor en siete ocasiones (1909, 1914, 1922, 1925, 1928, 1929 y 1931), siempre con el objeto de acomodarla a su particular ejercicio del verdadero poder, facilitando la reelección presidencial, el acceso al cargo de alguno de sus colaboradores o cualquier otra actitud favorable a sus intereses. En el aspecto económico, su gobierno se benefició enormemente con la aparición del petróleo. En 1930 canceló la deuda externa, como homenaje a Simón Bolívar, en el primer centenario de su muerte. Juan Vicente Gómez no se preocupó por la educación del pueblo; inhabilitó los partidos de oposición y castigó duramente la delincuencia, aunque amasó una cuantiosa fortuna de más de 155 millones de bolívares. Murió el 17 de diciembre de 1935 en Maracay (Aragua), donde había fijado su residencia.

11. El Círculo de Bellas Artes tuvo su origen en la protesta que estalló en 1909 contra los métodos de enseñanza aplicados por Antonio Herrera Toro, director de la Academia de Bellas Artes de Caracas. Los estudiantes que solicitaban una renovación de dicha institución, comenzaron a reunirse en la plaza Bolívar de la capital, sitio de tertulia de la época. Los artículos publicados por Leoncio Martínez (Leo), en El Universal, unidos al empeño de Antonio Edmundo de cohesionar las voluntades dispersas de los jóvenes artistas, fue en definitiva el preámbulo de la fundación del Círculo de Bellas Artes. En términos generales, dicha organización fue un punto de encuentro importante para la proyección renovadora, no sólo de las artes plásticas sino también de la literatura. En sus comienzos el Círculo de Bellas Artes realizó una serie de exposiciones que contribuyeron a que el público comenzara a valorar el quehacer artístico, como digno de ser considerado a la par de cualquier otra profesión u oficio. Sus actividades las inició en el teatro Calcaño (situado entre las esquinas de Camejo y Colón), cedido por su propietario, el ingeniero Eduardo Calcaño Sánchez. Luego funcionó en una casa alquilada en la

esquina de Reducto; de allí pasó a un local del callejón Guinand, en el barrio de Pagüita, el cual fue allanado por la policía en 1917. Artistas y modelos pasaron una noche en el cuartel de policía y luego fue clausurado el pequeño taller. Como consecuencia de la persecución sufrida, el grupo de artistas se dispersó, aunque siguió trabajando esporádicamente ya fuera en casa de algunos de los integrantes o en el colegio de Amalia Coking, tía de los hermanos Monsanto. Aunque el Círculo de Bellas Artes tuvo una vida corta, dicha organización contribuyó notablemente al redimensionamiento del arte venezolano en todas sus facetas.

12. Pacifista y seguidor de las ideas de León Tolstoi, el ruso Federico Ferdinandov no quiso participar en la Primera Guerra Mundial que estalló en 1914 y en noviembre del año siguiente obtuvo el permiso del Gobierno ruso para salir de su país, al cual nunca más había de regresar. En septiembre de 1917, permaneció brevemente en Caracas. Había instalado en Nueva York una joyería en la cual utilizaba perlas margariteñas; pero también pintaba, y proyectaba una *"Academia Flotante de Pintura"*, un buque con artistas de distintas nacionalida-

des que recorrería los puertos del mundo entonces en guerra, llevando un mensaje de paz y confraternidad. En 1918 presentó este proyecto en Nueva York a Ilia Tolstoi (hijo del escritor) quien lo alentó. En 1919 Federico Ferdinandov salió de Estados Unidos con la intención de establecerse en la isla de Margarita, donde realiza diseños de joyas con perlas y pinta varias obras de paisajes marinos y submarinos. Buen ejemplo de su trabajo durante estos años en la isla son: *Faro de Porlamar* (claro de luna) (1918), *Pescadores de perlas en Porlamar* (1918), *Gruta submarina en la isla de Margarita* (1918), *Corales bajo el mar* (1918) y *Serranía submarina en el litoral de Margarita* (1918). Se traslada posteriormente a Caracas, y establece estrecho vínculo con los integrantes del Círculo de Bellas Artes, en especial con Rafael Monasterios y con Armando Reverón. Sobre este último ejercerá decisiva influencia, sobre todo en cuanto a la concepción de la vida: contribuye a revelar el aspecto mágico de la personalidad de Reverón y le incita a buscar su propia libertad. Estos 2 artistas se compenetran profundamente y por un corto tiempo se instalan junto a Juanita Mota en el pueblo de El Valle, llevando una vida de continuo trabajo.

Ángel Cristóbal García

En diciembre de 1919 Ferdinandov organiza una exposición de pinturas de Monasterios y de Reverón; al año siguiente organiza otra de sus propias obras, conjuntamente con las de Antonio Edmundo Monsanto, Federico Brandt, Rafael Monasterios y Armando Reverón. Esta exposición contaba con una serie de recursos escenográficos novedosos, diseñados por él mismo, con el fin de sorprender al espectador. En diciembre de 1921, realiza su segunda exposición en Venezuela. El 26 de abril de 1922, contrae matrimonio con Soledad González y poco después se traslada con su esposa a Curazao, donde trabaja en el diseño de un submarino y en una exposición que se presentaría en Europa y en Venezuela. Ambos proyectos quedan inconclusos por su muerte. Tras su fallecimiento, el 7 de marzo de 1925, su esposa y sus 2 hijas, nacidas éstas en Curazao, se trasladan a Europa llevando consigo gran parte de las obras del artista, las cuales se pierden durante la Segunda Guerra Mundial. Sólo se conservan aproximadamente 40 obras, en su mayoría guaches; varios proyectos de inventos y diseños de escenografías. Su pintura presenta una marcada influencia simbolista y del Art Nouveau, por lo que se le considera el mejor representante de estos estilos que haya trabajado en Venezuela. Algunas de sus obras más conocidas son: *Cementerio de los Hijos de Dios* (1919), *Amanecer en el Cementerio de los Hijos de Dios* (1919) y *Ermita en el bosque* (1919). La colección de obras de Ferdinandov fue donada por su viuda a la Fundación Galería de Arte Nacional.

13. Ídem 1

14. Ídem 1

15. César Rengifo (1915-1980), poeta, dramaturgo, pintor y muralista, nació en Caracas, donde comenzó sus estudios en la Academia de Bellas Artes. Más tarde se trasladó a Chile (1936-1937), y luego a México, donde se adentró en el muralismo. Entre sus obras destacan dos importantes murales: *El mito de Amalivaca* (1955) y *Creadores de la Nacionalidad* (1973). En 1953 ganó el Premio Andrés Pérez Mujica, del Ateneo de Valencia, y en 1954 ganaría tres importantes galardones más: el Premio Nacional de Pintura, el Antonio Esteban Frías y el Arturo Michelena. Años después recibiría el Premio

Nacional de Teatro (1980). Como dramaturgo publicó unas 20 obras, entre las que cabe reseñar: *Manuelote* (1950), *La esquina del miedo* y *La sonata del alba* (1974). César Rengifo murió en Caracas el 2 de noviembre de 1980. El teatro de Petare lleva su nombre.

16. A partir de la primera década del siglo actual, los pintores reunidos en el Círculo de Bellas Artes, comenzaron a indagar las posibilidades formales de la pintura, movidos en buena parte por las noticias que sobre el campo artístico les llegaron de Europa; buscando nuevas vertientes temáticas para la experimentación. De esta manera, artistas como Federico Brandt y Abdón Pinto siguieron en sus naturalezas muertas las experimentaciones del impresionismo y post-impresionismo, las cuales conocieron personalmente a través de la obra del rumano Samys Mützner. Pero será Marcos Castillo (Caracas, 1897-1966) quien llevará hasta sus últimas consecuencias los estudios formales de lo inanimado. Influido por los logros cezannianos y fauvistas, desarrolló una obra básicamente centrada en la naturaleza muerta.

Su lenguaje evoluciona desde la búsqueda estructural hasta la final desintegración de formas en favor de hermosos efectos coloristas, tal como lo apreciamos en su pintura *Girasoles*.

17. En carta de León Castro dirigida a César Rengifo, que se encontraba en Santiago de Chile, el primero recuerda aquellas burlas que sufría por parte de sus compañeros. Tal es el caso de Fernández (firmaba sus obras como FEZ), el clásico alumno del salón que basa su liderazgo mofándose del más humilde. Pero, vean cómo el destino premia la modestia, pues mientras que Pedro León llegó a la cima, de Fez sólo se recuerdan las infortunadas frases propias de la envidia.

18. Hans Holbein el Joven (1497-1543), artista alemán, es uno de los maestros del retrato en el Renacimiento y diseñador de xilografías, vidrieras y piezas de joyería. La fama de Holbein está basada en sus retratos realistas de personas y grupos. La atención que prestaba a detalles de la piel, el pelo, los ropajes y la ornamentación, así como el talento para representar con exactitud cada una de las diferentes texturas, no disminuían ni iban en detri

mento de las características esenciales y de dignidad de sus retratados. También realizó miniaturas y contribuyó al gran arte renacentista de la pintura sobre vidrio con numerosos dibujos.

19. Francisco de Goya y Lucientes (1746-1828), pintor y grabador español considerado uno de los grandes maestros de la pintura. Marcado por la obra de Velázquez, habría de influir, a su vez, en Edouard Manet, Pablo Ruiz Picasso y gran parte de la pintura contemporánea. Formado en un ambiente artístico rococó, evolucionó hacia un estilo personal y pintó cuadros que, como el famoso El 3 de mayo de 1808 en Madrid: los fusilamientos en la montaña del Príncipe Pío (1814, Museo del Prado, Madrid), se cuentan entre las grandes obras maestras de la historia del arte.

20. El Muralismo es un movimiento artístico de carácter indigenista, que surge tras la Revolución Mexicana de 1910, de acuerdo con un programa destinado a socializar el arte, y que rechaza la pintura tradicional de caballete, así como cualquier otra obra procedente de los círculos intelectuales.

Propone la producción de obras monumentales para el pueblo en las que se retrata la realidad mexicana, las luchas sociales y otros aspectos de su historia. El muralismo mexicano fue uno de los fenómenos más decisivos de la plástica contemporánea iberoamericana y sus principales protagonistas fueron Diego Rivera, José Clemente Orozco y David Alfaro Siqueiros. A partir de 1930 el movimiento se internacionalizó y se extendió a otros países de América.

21. Nacido en Clamecy (Nièvre, Francia), Romain Rolland (1866-1944) estudió en la Escuela Normal Superior, donde posteriormente dio clases de historia del arte. También fue profesor de historia de la música en la Sorbona (París). La más famosa de sus obras es *Jean-Christophe* (10 volúmenes, 1904-1912), una novela en parte autobiográfica sobre un imaginario compositor alemán afincado en Francia, que criticó la sociedad de su época y en la que Rolland reivindicó la armonía entre las naciones. En 1915 obtuvo el Premio Nobel de Literatura. Pacifista convencido, durante la I Guerra Mundial se exilió a Suiza (1914-1937) y allí escribió el controvertido ensayo *Por encima del conflicto* (1915).

22. Ídem 1

23. Juan Liscano, además de poeta, es ensayista, periodista y apasionado investigador del folklore venezolano. Nació en Caracas en 1915. A la muerte de su padre -siendo aún un niño-, se trasladó a Europa, residiendo principalmente en Francia. De regreso a Venezuela, inició estudios de Derecho y realizó nuevos viajes por Francia, Bélgica, España, Suiza, Italia, Alemania, Checoslovaquia, Inglaterra, etc., lo que le impidió graduarse, en beneficio de una cada vez mayor dedicación a la literatura. En 1944 fundó la revista *Suma*, órgano de expresión del grupo de igual nombre. Liscano se nos ofrece no sólo como gran conocedor del oficio poético, sino del hombre en su más amplia dimensión: el hombre que se asume en el misterio de sí mismo, que se ve envuelto por la naturaleza, que se rebela ante la injusticia y busca la solidaridad. Su obra poética, traducida en varios idiomas, fue antologada en 1968, bajo el título *Nombrar contra el tiempo*.

24. Reseña periodística recogida por Alicia Patiño en su obra citada. Ver nota 1, 3 y 4.

25. Ídem 15

26. Ídem 24

27. Ídem 24

28. El Impresionismo de finales del XIX, desemboca en unas corrientes emergentes de las dos primeras décadas del siglo XX (Fauvismo, Cubismo, Futurismo, Pintura Metafísica, Expresionismo, Dadaísmo), posibilitadas por los planteamientos de Cézanne, Gauguin y Van Gogh, creando un caldo de cultivo, que conducen a unos planteamientos pictóricos radicales. A estos movimientos y tendencias se les denominará Abstraccionismo o Pintura Abstracta. Por lo tanto, esta corriente artística, surge en contraposición a la figurativa descriptiva, anecdótica, dando un papel preponderante a la forma y el color, y postulando "la libertad en la creación y el arte como un fin en sí mismo". La vigencia moderna de esta tendencia surge con el artista ruso Vasily Kandinsky en 1910.

29. Vea nota anterior.

30. A finales de los años treinta aparecen en Venezuela nuevos pintores con nuevos rumbos como Héctor Poleo, Armando Barrios y Gabriel Bracho, pero no fue hasta una década después cuando el movimiento de "Los Disidentes" plantea alejarse de lo académico y varios de ellos incursionan en la pintura abstracta. La mayor parte de estos artistas se instalaron en París entre 1945 y 1950, donde plantearon la renovación de arte academicista latinoamericano siguiendo las nuevas corrientes abstractas europeas. Entre estos pintores figuraban: Pascual Navarro, el mismo Alejandro Otero; Mateo Manaure, Luis Guevara Moreno, Carlos González Bogen, Narciso De Bourg, Perán Erminy, Rubén Núñez, Dora Hersen, y Aimée Battistini. La cabeza intelectual del grupo, fue el entonces estudiante de filosofía J.R. Guillén Pérez. En París publicaron una revista con el nombre del grupo, *Los Disidentes*, de la cual sólo se editaron cinco números. El primero, salió en 1950 y ya para la segunda edición se habían sumado otros venezolanos. Las proposiciones de estos artistas giraban en torno al arte abstracto.

Negaron completamente las representaciones de la realidad. Quisieron centrarse en problemas netamente plásticos, es decir, en una pintura sin ningún mensaje paisajista o retratista, donde lo único importante es el color, la luz, la textura, la composición, la construcción de las formas y los materiales. En otras palabras, rechazaron lo anecdótico o cualquier significado ajeno a la pintura misma. De esta manera, quisieron introducir el arte venezolano a las corrientes internacionales, que fueran más acorde con la época y más universal.

31. Carlos Raúl Villanueva (1900-1972), arquitecto venezolano nacido en Londres. Gran conocedor de las vanguardias europeas de Alemania y del espíritu de los trabajos del arquitecto franco-suizo Le Corbusier, de quien extraerá los alicientes que caracterizan toda su labor arquitectónica, supo combinar estas fuentes con la tradición colonial y popular. Hijo del embajador en Inglaterra Carlos Antonio Villanueva, concluyó sus estudios de arquitectura en la Escuela de Bellas Artes de París en 1928. A partir de 1929 comenzó en Caracas su carrera profesional. Los condicionantes del clima y un profundo entendimiento de las soluciones tradicionales,

Ángel Cristóbal García

determinaron el carácter de numerosos elementos introducidos en su arquitectura: patios, corredores, terrazas con pérgolas, *brise-soleil*, enrejados, vegetación. Siempre mantuvo el interés por garantizar las relaciones entre el espacio físico y el acondicionamiento ambiental (ventilación natural, manejo y control de la luz con zonas de reposo-sombra, macizos predominantes sobre vanos en las fachadas). Entre sus primeras obras destacan el Ministerio de Asuntos Exteriores, la plaza de toros de Maracay, los museos de los Caobos o la Escuela Gran Colombia en Caracas. A partir de 1944 empezó a trabajar en el proyecto de la ciudad universitaria, para la que proyectó los edificios de la Escuela Técnica Industrial (1947), las facultades de Humanidades, Ciencias y Física (1954), Odontología (1955) y Arquitectura y Farmacia (1957). Una de sus facetas más afortunadas fue la de urbanista. Dentro de este campo fue autor, entre otras, de las urbanizaciones General Rafael Urdaneta en Maracaibo (1943), Francisco de Miranda (1948), Ciudad Tablitas (1950) y el Paraíso (1952-54). También merecen una especial mención el estadio olímpico (1950) de Caracas y el Museo Soto en Ciudad Bolívar. Fue Premio Nacional de

Ángel Cristóbal García

Arquitectura en 1963.

32. David Alfaro Siqueiros (1896-1974), nació en Chihuahua y se formó en la Escuela de Bellas Artes de México y en la escuela de Santa Anita de esta ciudad. Participó en el renacimiento de la pintura al fresco efectuada bajo el patrocinio gubernamental de las decoraciones murales en edificios públicos (véase nota 20). Vivió en París, Barcelona y Estados Unidos. Regresó a México y organizó el sindicato de pintores, escultores y grabadores revolucionarios. Miembro del Partido Comunista Mexicano, fundó su periódico *El Machete* y se dedicó al activismo político, representando en sus frescos temas de dinámica revolucionaria para alentar a las clases sociales más desfavorecidas. Sus pinturas representan una síntesis muy particular de los estilos futurista, expresionista y abstracto, con colores fuertes e intensos. En 1962, el gobierno mexicano sentenció a Siqueiros a ocho años de prisión por organizar disturbios estudiantiles de extrema izquierda dos años antes; el artista fue indultado en 1964. Sus obras más monumentales son: *Marcha de la Humanidad* (1971), realizada después de su salida de la cárcel, que

decora las paredes del Hotel de México, y que ocupa una superficie de 4.600 m2 de paneles articulados, y *Del porfirismo a la revolución*, de 4.500 m2, en el Museo de Historia Nacional de la ciudad de México. Recibió el Premio Nacional de Arte de México y el Premio Lenin de la Paz.

33. El Nacional, Caracas: 27 de mayo de 1977

34. Las obras clave de las dos últimas décadas de la vida de Diego de Silva Velázquez, considerado el mayor representante del barroco español, son *Las hilanderas o La fábula de Aracné* (1644-1648, Museo del Prado), composición sofisticada de compleja simbología mitológica, y una de las obras maestras de la pintura española, *Las Meninas o La familia de Felipe IV* (1656, Museo del Prado), que constituye un imponente retrato de grupo de la familia real con el propio artista incluido en la escena. Velázquez continuó trabajando para el rey Felipe IV, como pintor, cortesano y fiel amigo hasta su muerte, acaecida en Madrid el 6 de agosto de 1660. Su obra fue conocida y ejerció una importante influencia en el siglo XIX, al ser expuesta en el Museo del Prado.

35. Paúl Cezanne (1839-1906), pintor francés, considerado el padre del arte moderno. Intentó conseguir una síntesis ideal de la representación naturalista, la expresión personal y el orden pictórico abstracto. Entre todos los artistas de su tiempo, Cézanne tal vez sea el que ha ejercido una influencia más profunda en el arte del siglo XX (Henri Matisse admiraba su manejo del color y Pablo Picasso se basó en su forma de componer los planos para crear el estilo cubista). Sin embargo, mientras vivió, Cézanne fue un pintor ignorado que trabajó en medio de un gran aislamiento. Desconfiaba de los críticos, tenía pocos amigos y, hasta 1895, expuso sólo de forma ocasional. Estaba distanciado incluso de su familia, que tachaba su comportamiento de extraño y no apreciaba el carácter revolucionario de su arte.

36. Históricamente, el Renacimiento fue contemporáneo de la era de los "descubrimientos" y las conquistas ultramarinas. Esta era marca el comienzo de la expansión mundial de la cultura europea, con los viajes portugueses y la conquista de América por parte de los españoles, hecho que rompe la concepción medie

val del mundo, fundamentalmente teocéntrica. El fenómeno renacentista comienza en el siglo XIV y no antes, aunque al tratarse de un proceso histórico, se elige un momento arbitrariamente para determinar cronológicamente su comienzo, pero lo cierto es que se trata de un proceso que hunde sus raíces en la alta Edad Media y va tomando forma gradualmente. El desmembramiento de la cristiandad con el surgimiento de la Reforma protestante, la introducción de la imprenta, entre 1460 y 1480, y la consiguiente difusión de la cultura fueron algunos de los motores del cambio. El determinante, sin embargo, de este cambio social y cultural fue el desarrollo económico europeo, con los primeros atisbos del capitalismo mercantil. Pero en este clima cultural de renovación, paradójicamente los pintores buscaban sus modelos en la Antigüedad Clásica, tal como se aprecia en *La Fornarina*, de Rafael.

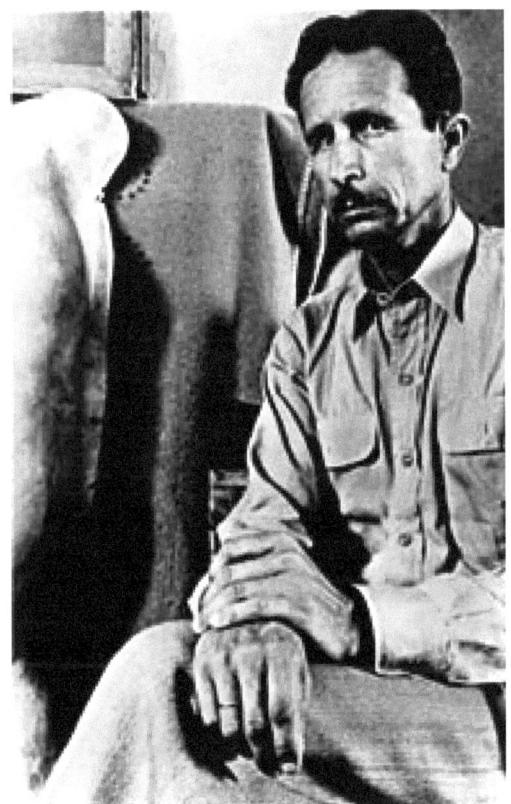

Pedro León Castro

BIBLIOGRAFÍA CONSULTADA

-Calzadilla, Juan. Pintura venezolana de los siglos XIX y XX. Caracas: Litografía Tecnocolor. Editado por Inversiones M. Barquín C.A. Caracas, 1975.

Ángel Cristóbal García

-Da Antonio, Francisco. Textos sobre arte. Venezuela (1682-1982). Caracas: Monte Ávila-GAN, 1982.

-Diccionario biográfico de las artes visuales en Venezuela. Fundación Galería de Arte. Caracas, 2005

- Invitación al génesis: Pedro León Castro. Objetos metafísicos (catálogo de exposición). Caracas: Museo Arturo Michelena, 1993.

-Planchart, Enrique. Tres siglos de pintura venezolana. Introducción al catálogo del Museo de Bellas Artes, Caracas, 1948.

-Patiño, Alicia. Pedro León Castro y su obra. Caracas: Artimano, 1985.

Ángel Cristóbal García

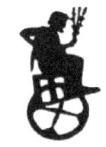

Ex-libris

Angelus facit